Tutti i testi, tranne quelli degli altrui aforismi, sono proprietà esclusiva di Stefano Benedetti. Tutti i diritti riservati. All rights reserved - © 2017-2018.

# Indice degli argomenti

(in ordine alfabetico)

## L'aforisma nella storia umana

In questo libro, ci sono oltre 600 tra aforismi, motti, frasi celebri che hanno tutti in comune una caratteristica: racchiudono in una manciata di parole, concetti, più o meno profondi, in veste facile e intuitiva.

L'uso di questa forma di comunicazione non è recente e si è evoluta nel corso dei secoli raggiungendo un livello di raffinatezza elevato.

Le prime frasi brevi di questo tipo compaiono tra il IV e il V secolo a. C. in campo medico diventando dispensatrici d'insegnamenti e conoscenze e sono chiamati aforismi.

Tra il X e il XII secolo, cominciano ad arrivare dal mondo islamico detti, motti e arguzie racchiuse in una frase breve.

Tra il XVII e il XVIII secolo abbiamo ancora aforismi in campo medico e anche in quello bellico e militare. In questo periodo l'aforisma estende il suo campo, allargandosi dall'area delle scienze fino al campo letterario e oltre alle riflessioni sulla vita e i sentimenti. Man mano si consolida in questo periodo irrequieto per l'Europa, l'aforisma come strumento intellettuale in mano a filosofi, poeti, aristocratici, artisti, borghesi e clericali. L'aforisma si differenzia dalle massime del periodo medioevale e rinascimentale perché non nasce solo dalle letture, ma scaturisce dall'osservazione del quotidiano, dagli eventi della vita e dalle esperienze personali.

Il retaggio di motti, aneddoti, nel mondo greco e latino e poi in quello cristiano, aiuta questo processo di rinnovamento che porta l'aforisma a occuparsi dell'uomo e della sua vita.

Non passò troppo tempo e l'aforisma divenne scevro dei contenuti moralistici che avevano contraddistinto le massime greche, latine e cristiane fino allora.

L'aforisma, nella maggior parte dei casi, non indica più come l'uomo dovrebbe essere, ma lo descrivono insieme ai suoi comportamenti così com'è.

Affinché possiate avere una panoramica storica, in questo libro sono riportate anche frasi che non sono esattamente un aforisma, ma hanno molti elementi in comune con esso.

# Introduzione

Una raccolta di frasi, più o meno famose, divise per argomenti e temi.

Un libro in formato tascabile che potete tenere sempre con voi per ampliare la vostra cultura oppure per generare una proficua discussione con gli amici o le persone cui si vuole bene. Infatti, la rigida selezione fatta da me assicura che le frasi abbiano un minimo di contenuto di buon livello morale e che indirettamente provochino dubbi e riflessioni sui più svariati argomenti e interrogativi del genere umano. Ho escluso tutti quegli aforismi che avvallavano direttamente o indirettamente tutti quei pregiudizi sociali e individuali nefasti e che hanno afflitto il genere umano. Ho escluso anche quegli aforismi che si rifacevano a modi di dire dal contenuto razzista e sessista o che la loro inutilità era palese.

Saggezza in pillole da ingoiare come un farmaco contro l'ipertensione, almeno una volta ogni giorno. Verità in pillole da ingoiare per mitigare l'acidità della vita e cercare di vedere di là dei paraventi e dell'idiozia. Insomma pillole stimolanti che devono riattivare una nostra funzione cerebrale fondamentale: il pensiero laddove si è atrofizzato o addormentato.

Il vantaggio di trarre un sentimento, un'emozione, una concezione della vita e delle persone da un aforisma piuttosto che dalla lettura di un intero libro, è evidente. L'aforisma è breve, immediato; se ben costruito si piazza nella nostra memoria in modo diretto e permanente. L'aforisma può racchiudere verità limitate o infinite, scagliarsi contro le degenerazioni della vita sociale e individuale, divenire simbolo di un pensiero più vasto.

L'aforisma è alla portata di tutti, non richiedo impegno nella lettura, nemmeno particolari conoscenze, si digerisce facilmente e i suoi effetti sono sempre positivi: ci fa fermare un attimo a riflettere.

In questo libro sono riportati 676 aforismi di svariati autori e appartenenti a vari periodi storici. Da Confucio a Cesare Pavese, dalla Cina arcaica all'Italia contemporanea.

Insomma un viaggio attraverso il tempo dove gli aforismi ci danno la misura del cambiamento del pensiero umano attraverso i secoli.

# L'amicizia

L'amicizia, come il diluvio universale, è un fenomeno di cui tutti parlano, ma che nessuno ha mai visto con i propri occhi. (J. Poncela)

L'amicizia è una sola anima che abita in due corpi, un cuore che batte in due anime. (Aristotele)

I veri amici vedono i tuoi errori e ti avvertono: i falsi amici vedono allo stesso modo i tuoi errori e li fanno notare agli altri. (F. Blatter)

Le ricchezze moltiplicano gli amici, ma il povero è abbandonato anche dall'amico che ha. (Salomone)

Se è vero che in ogni amico v'è un nemico che sonnecchia, non potrebbe darsi che in ogni nemico vi sia un amico che aspetta la sua ora? (Giovanni Papini)

Mi piacciano gli amici dalle menti indipendenti che ti consentono di vedere i problemi da angolazioni diverse. (Nelson Mandela)

Il vero amico è colui che toglie le pietre e le spine dalla nostra vita. (Esopo)

All'uomo prudente giovano più i nemici che allo sciocco gli amici. (Baltasar Graciàn)

Uno dei benefici dell'amicizia è di sapere a chi confidare un segreto. (A. Manzoni)

Il mio migliore amico è lo specchio, perché quando piango non ride mai. (Jim Morrison)

Il vero amico è colui che toglie le pietre e le spine dalla nostra vita. (Esopo)

È molto meglio aver nemici dichiarati che amici celati. (Napoleone)

Per capire in che misura i nostri amici ci vogliono bene, basta trattarli male una volta. (Friedrich Nietzsche)

Non si è mai troppo prudenti nella scelta dei propri nemici. (Oscar Wilde)

Si hanno un po' meno amici di quanto si supponga, ma un po' più di quanto si sappia. (Hugo von Hofmannsthal)

Non esistono due uomini al mondo che una indiscrezione diabolicamente escogitata non possa far diventare nemici mortali. (Hugo von Hofmannsthal)

Alla fine ricorderemo non le parole dei nostri nemici, ma il silenzio dei nostri amici. (Martin Luther King)

L'antidoto contro cinquanta nemici è un amico. (Aristotele)

Un amico è colui al quale puoi rivelare i contenuti del tuo cuore, ogni grano e granello, sapendo che le mani più gentili li passeranno al setaccio e che solo le cose di valore verranno conservate, tutto il resto verrà scartato con un soffio gentile. (Proverbio persiano)

I legami più profondi non sono fatti né di corde, né di nodi, eppure nessuno li scioglie. (Lao Tze)

Alcune persone si rifugiano in chiesa; altre nella poesia; io nei miei amici. (Virginia Woolf)

Il ruolo di un amico è di essere al tuo fianco quando sbagli, perché chiunque sarà accanto a te quando hai ragione. (Mark Twain)

Un vero amico è chi ti prende per la mano e ti tocca il cuore. (Gabriel García Márquez)

Il vincitore ha molti amici. Il perdente, buoni amici. (Proverbio mongolo)

# L'amore

Se urli tutti ti sentono... se bisbigli ti sente solo chi ti sta vicino, ma se stai in silenzio solo chi ti ama ti ascolta. (Gandhi)

Amare è mettere la nostra felicità nella felicità di un altro. (G. W. von Leibnitz)

Amare significa pensare intensamente a qualcuno, dimenticando se stessi. (Jim Morrison)

Cos'è la giovinezza? Un sogno. Cos'è l'amore? Il contenuto del sogno. (Kierkegaard)

Il cuore ha ragioni che la ragione non conosce. (B. Pascal)

Il divorzio risale probabilmente alla stessa epoca del matrimonio. Ritengo, comunque, che il matrimonio sia più antico di qualche settimana. (Voltaire)

In amore, chi arde non ardisce e chi ardisce non arde. (Niccolò Tommaseo)

L'amore è un bellissimo fiore, ma bisogna avere il coraggio di coglierlo sull'orlo di un precipizio. (Stendhal)

L'amore è più temerario che l'odio. (Baltasar Graciàn)

Non essere più amati è peggio del non essere amati. (Proust)

Il matrimonio deve combattere un mostro che divora tutto: l'abitudine. (Balzac)

Non ci può essere amore se non si è se stessi con tutte le proprie forze. (Italo Calvino)

Sono nato non per partecipare all'odio ma per partecipare all'amore. (Giacomo Leopardi)

Tra la nostra anima e il nostro corpo ci sono tante piccole finestre, da lì, se sono aperte, passano le emozioni, se sono socchiuse filtrano appena, solo l'amore le può spalancare tutte insieme e di colpo, come una raffica di vento. (B. L. Pasternak)

I fiumi scorrono verso il mare, e il mare non è mai colmo. Così il cuore dell'uomo. (Martin Kessel)

Viviamo in un mondo in cui ci nascondiamo per fare l'amore, mentre la violenza e l'odio si diffondono alla luce del sole. (John Lennon)

Non c'è travestimento che possa alla lunga nascondere l'amore dov'è né fingerlo dove non è. (François de la Rochefoucauld)

L'amore e l'odio non sono ciechi, bensì abbagliati dal fuoco che essi stessi apportano. (Friedrich Nietzsche)

A provocare un sorriso è quasi sempre un sorriso. (Hùgo)

Ama e ridi se amor risponde, piangi forte se non ti sente, dai diamanti non nasce niente, dal letame nascono i fiori. (Fabrizio De Andrè)

C'è un'unica specie di amore, ma ce ne sono mille copie diverse. (François de la Rochefoucauld)

Il vero amore è come i fantasmi: tutti ne parlano, ma pochi li hanno visti. (François de la Rochefoucau)

Nella gelosia c'è più egoismo che amore. (François de la Rochefoucauld)

Legna tarlata arde più della verde, può dirsi dell'amore in tarda età. (Carlo Dossi)

L'amore vive non solo di sentimento ma di bistecche. (Carlo Dossi)

Nell'amore ci accorgiamo per lo più troppo tardi se un cuore ci è stato dato solo in prestito, se ci è stato donato oppure se ci è stato addirittura sacrificato. (A. Schnitzler)

# L'arte

L'arte è magia liberata dalla menzogna di essere verità. (Adorno Theodor Wiesengrund)

L'arte è l'espressione del pensiero più profondo nel modo più semplice. (Albert Einstein)

Nessun grande artista vede mai le cose così come sono. Altrimenti non sarebbe più un artista. .(O. Wilde)

L'arte è quella forma di comunicazione dove il messaggio trasmesso dalla sorgente è sempre diverso da quello che intende il fruitore. La sostanziale differenza dalle altre forme di comunicazione è però che questa appaga uno o più dei nostri sensi producendo sensazioni a volte non identificabili. (Stefano Benedetti)

La poesia, la pittura e la scultura devono essere menzognere, ma con grandezza, con attrattiva e splendore. (Napoleone Bonaparte)

L'arte non è il bello ma vedere le cose in maniera diversa. (Virginia Woolf)

Le massime generali sono, nella disciplina della vita, ciò che le vie comuni sono per l'arte. (Nicolas de Chamfort)

Ci sono pittori che trasformano il sole in una macchia gialla, ma ce ne sono altri che, con l'aiuto della loro arte e intelligenza, trasformano una macchia gialla nel sole. (Pablo Picasso)

Creatività è permettersi di fare degli sbagli. Arte è sapere quali sono da tenere. (Henry Brooks Adams)

Il pittore subisce stati di pienezza e di restituzione. È questo il segreto dell'arte. Vado a passeggiare nella foresta di Fontainebleau, faccio indigestione di verde, devo pur liberarmi di questa sensazione in un quadro. (Pablo Picasso)

Artista è soltanto chi sa fare della soluzione un enigma. (Karl Kraus)

Impara le regole come un esperto, così potrai romperle come un artista. (Pablo Picasso)

La concisione è l'arte di dire molto con poco; la prolissità, di dire niente con troppo. (Roberto Gervaso)

L'arte è un incidente dal quale non si esce mai illesi. (Leo Longanesi)

Il mezzo migliore per sfuggire il mondo è l'arte; il mezzo più sicuro per entrare in contatto col mondo è l'arte. (Johann Wolfgang Goethe)

Spesso, in Arte, il buon gusto non si accorda col buon senso. (Carlo Dossi)

Esistono due modi per non apprezzare l'Arte. Il primo consiste nel non apprezzarla. Il secondo nell'apprezzarla con razionalità. (Oscar Wilde)

Cogliere con uno sguardo un'immagine del mondo è arte. Ma quante cose entrano in un occhio! (Karl Kraus)

L'amore e l'arte non abbracciano ciò che è bello, ma ciò che grazie al loro abbraccio diventa bello. (Karl Kraus)

L'arte è un appello al quale troppi rispondono senza essere stati chiamati. (Leo Longanesi)

In arte è difficile dire qualcosa che sia altrettanto buono del non dire niente. (Ludwig Wittgenstein)

In quella maniera che per riuscire a ben scossi e fruttiferi coiti è necessario di prepararvisi con una prudente astinenza: così ogni opera eccelsa di Arte richiede un precedente riposo mentale. (Carlo Dossi)

# L'Avere e il possesso

Il tanto diventa poco se si desidera ancora un po' di più. (G. Quevedo)

Alla povertà manca poco, all'avidità tutto. (Publilio Siro)

Gli uomini perdono la salute per fare i soldi, e poi perdono i soldi per recuperare la salute. (Dalai Lama)

Un asino resta sempre un asino, anche se lo ricopri d'oro. (R. Derzavin)

Sulla terra c'è abbastanza per soddisfare i bisogni di tutti ma non sufficienza per soddisfare l'ingordigia di pochi. (Gandhi)

La smania irrefrenabile dell'avere tutto porta, nel caso che sia socialmente avvallata, al delirio di onnipotenza. (Stefano Benedetti)

Avere una grande cultura non significa essere intelligente. (Eraclito)

Io posseggo molto, e il sentimento per lei s'inghiottisce tutto, io posseggo molto, e senza di lei tutto diventa nulla per me. (Susanna Tamaro)

Amare non vuol dire impossessarsi di un altro per arricchire se stesso, bensì donarsi a un altro per arricchirlo. (Henri François Joseph de Régnier)

Non vogliamo credere di possederci in maniera tanto piena da non continuare a desiderarci. (Hernst Hello)

L'amore non da nulla se non se stesso, non coglie nulla se non da se stesso. L'amore non possiede né è posseduto: l'amore basta all'amore. (Luise Rinser)

Si scherza tanto sui mori che fanno il commercio degli schiavi: ma che cosa è più tremendo: venderli o comprarli? (Georg Christoph Lichtenberg)

Le idee migliori sono proprietà di tutti. (Seneca)

Il possesso totale, quello che ti fa dire: "È mio!" per alcuni uomini si trasla dagli oggetti inanimati a tutti gli esseri viventi e poi alle persone diventando unica ragione. Per avere il possesso totale è necessario il potere totale a qualunque costo. Credete sia una ipotesi estrema di delirio? Purtroppo la storia ci insegna che è fin troppo comune e presente in tutti i livelli sociali di qualunque periodo storico. (Stefano Benedetti)

I beni superflui rendono superflua la vita. (P. P. Pasolini)

# La bellezza

La bellezza delle cose esiste nella mente di chi le osserva. (Hume)

La bellezza è la miglior lettera di raccomandazione per una donna. (Aristotele)

La consolazione dei brutti è la speranza che i belli non siano molto intelligenti. (Lily Brown)

Non tutti i sudditi della bellezza conoscono la loro sovrana. (Luc de Clapiers de Vauvenargues)

Tutte le perfezioni dipendono dal momento. Nemmeno la bellezza è sempre nel suo fiore. (Baltasar Graciàn)

Ciò che è grazioso non può essere bello. (Ludwig Wittgenstein)

Molti infrangono lo specchio perché rammenta loro la bruttezza che ha riflesso. (Baltasar Graciàn)

Percepire la vera bellezza, a volte è difficile, soprattutto quando l'apparenza non è conforme alle norme che quel gruppo sociale ha sviluppato. (Stefano Benedetti)

Un ramo di pazzia abbellisce l'albero della saggezza. (Alessandro Morandotti)

Certamente il vero non è bello. Nondimeno anche il vero può spesse volte porgere qualche diletto: e se nelle cose comuni il bello è da preporre al vero, questo, dove manchi il bello, è da preferire ad ogni altra cosa. (Giacomo Leopardi)

In amore basta piacersi per le proprie attrattive e per le proprie bellezze; ma nel matrimonio, per essere felici, bisogna amarsi o per lo meno adattarsi ai rispettivi difetti. (Nicolas de Chamfort)

La grazia è arbitraria: la bellezza è qualche cosa di più reale e di più indipendente dal gusto e dall'opinione. (Jean de la Bruyère)

L'artificio offre rimedio al brutto e perfeziona il bello. (Baltasar Graciàn)

Solo lo stolto percorre correndo il cammino della vita senza soffermarsi ad osservare le bellezze del creato. (Proverbio Tibetano)

La bellezza si vede; il fascino si sente. (Roberto Gervaso)

## Il cibo e la cucina

Ho dei gusti semplicissimi; mi accontento sempre del meglio. (Oscar Wilde)

Chi beve solo acqua ha un segreto da nascondere. (Charles Baudelaire)

I fiori appassiscono, i gioielli si appannano e le candele bruciano ... ma il cioccolato non invecchia mai. (Anonimo)

Portai alle labbra un cucchiaino di tè, in cui avevo inzuppato un pezzetto di madeleine. Ma nel momento stesso che quel sorso misto a briciole di biscotto toccò il mio palato, trasalii, attento a quanto avveniva in me di straordinario. (Marcel Proust)

Uno non può pensare bene, amare bene, dormire bene, se non ha mangiato bene. (Virginia Woolf)

Da noi si mangiava alla carta. Chi sceglieva l'asso, mangiava. (Wody Allen)

Non bisogna preoccuparsi di ciò che si mangia, ma con chi si mangia. (Epicuro)

L'Indigestione si incarica di predicare la morale allo stomaco. (Victor Hugo)

Le cose più belle della vita o sono immorali, o sono illegali, oppure fanno ingrassare. (George Bernard Shaw)

Tutto quel che non si mangia, fa bene alla salute. (Guido Ceronetti)

La maniera in cui si digerisce decide quasi sempre del nostro modo di pensare. (Voltaire)

Mangiare è una necessità. Mangiare intelligentemente è un'arte. (Francois de La Rochefoucauld)

Un uomo può pescare con il verme che ha mangiato un re e mangiare il pesce che ha mangiato quel verme. (William Shakespeare)

Uno stomaco vuoto non è un buon consigliere politico. (Albert Einstein)

Un'idea, un concetto, un'idea, finché resta un'idea è soltanto un'astrazione. Se potessi mangiare un'idea, avrei fatto la mia rivoluzione. (Giorgio Gaber)

Non esiste nulla che non possa essere risolto con un sorriso e un buon pranzo. (Anonimo)

# La conoscenza e l'ignoranza

L'ignoranza è la notte della mente, ma una notte senza luna né stelle. (Confucio)

Chi nega la ragion delle cose, pubblica la sua ignoranza. (Leonardo da Vinci)

Chiunque si pone come arbitro in materia di conoscenza è destinato a naufragare nella risata degli dei. (Albert Einstein)

La mente è come un paracadute. Funziona solo se si apre. (Albert Einstein)

Nella maggior parte degli uomini la soddisfazione nasce dall'ignoranza e sbocca in una sciocca felicità. (Baltasar Graciàn)

Il dubbio è il lievito della conoscenza. (Alessandro Morandotti)

Un'indigestione di ignoranza travestita da saggezza porta inevitabilmente al delirio della ragione. (Stefano Benedetti)

L'ignoranza è la peggiore delle povertà. (Anonimo)

# Il comportamento

Le figlie dei contadini vanno a piedi nudi, le dame a petto nudo. (Georg Christoph Lichtenberg)

Se vuoi offendere un avversario, lodalo a gran voce per le qualità che gli mancano. (Ugo Ojetti)

Tre persone erano al lavoro in un cantiere edile. Avevano il medesimo compito, ma quando fu loro chiesto quale fosse il loro lavoro, le risposte furono diverse. «Spacco pietre» disse il primo. «Mi guadagno da vivere» rispose il secondo. «Partecipo alla costruzione di una cattedrale» disse il terzo. (Peter Schultz)

Una volta nel gregge, è inutile che abbai: scodinzola! (A. Cechov)

Un'infinità di comportamenti che sembrano ridicoli nascondono motivi molto saggi e molto solidi. (François de la Rochefoucauld)

Il comportamento è uno specchio in cui ognuno rivela la propria immagine. (Johann Wolfgang Goethe)

Il comportamento esteriore degli uomini è così equivoco che basta mostrarsi come si è per vivere completamente occultati e sconosciuti. (Elias Canetti)

# Il Coraggio

Il perdono è la qualità del coraggioso, non del codardo. (Gandhi)

Qualche volta il coraggio si presenta soltanto nel momento in cui non si vede altra via d'uscita. (William Faulkner)

L'amore è un bellissimo fiore, ma bisogna avere il coraggio di coglierlo sull'orlo di un precipizio. (Stendhal)

I pazzi osano dove gli angeli temono d'andare. (Alexander Pope)

Vedere ciò che è giusto e non farlo è mancanza di coraggio. (Confucio)

Il coraggio è la prima delle qualità umane, perché è quella che garantisce le altre. (Winston Churchill)

Il mondo è nelle mani di coloro che hanno il coraggio di sognare e di correre il rischio di vivere i propri sogni. (Paulo Coelho)

Nulla infonde più coraggio al pauroso della paura altrui. (Umberto Eco)

Le idee ispirate dal coraggio sono come le pedine negli scacchi, possono essere mangiate ma anche dare avvio ad un gioco vincente. (Johann Wolfgang Von Goethe)

Chi ha il coraggio di ridere è padrone del mondo. (Giacomo Leopardi)

È la stupidità piuttosto che il coraggio che ti fa negare il pericolo anche quando lo hai davanti. (Arthur Conan Doyle)

E' normale che esista la paura, in ogni uomo, l'importante è che sia accompagnata dal coraggio. Non bisogna lasciarsi sopraffare dalla paura, altrimenti diventa un ostacolo che impedisce di andare avanti. (Paolo Borsellino)

Io ho conosciuto la persona più coraggiosa del mondo. Ha lottato tutta la vita, senza mai arrendersi, per assicurare un minimo di dignità e benessere ai suoi figli nonostante le malattie, le disgrazie, la miseria, i soprusi, le prevaricazioni e le ingiustizie. Il vero coraggio non è sparare a qualcuno, ma sopravvivere nonostante tutto. (Stefano Benedetti)

Il perfetto coraggio sta nel fare senza testimoni ciò che si sarebbe capaci di fare di fronte a tutti. (François de la Rochefoucauld)

# La democrazia

Non vorrei essere uno schiavo, ma non vorrei neanche essere un padrone. Questo esprime la mia idea di democrazia. (Abramo Lincoln)

Il nostro mondo, il mondo delle democrazie occidentali, non è certamente il migliore di tutti i mondi pensabili o logicamente possibili, ma è tuttavia il migliore di tutti i mondi politici della cui esistenza storica siamo a conoscenza. (Karl Popper)

Mentre la Società si secolarizza e la Chiesa perde il suo potere e la nuova religione imperante sta diventando il Capitalismo. (Carl William Brown)

La democrazia funziona quando a decidere sono in due e uno è malato. (Winston Churchill)

Oggi la nuova resistenza consiste nel difendere le posizioni che abbiamo conquistato; difendere la Repubblica e la democrazia. (Sandro Pertini)

Il miglior sedativo per le smanie rivoluzionarie consiste in una poltrona ministeriale, che trasforma un insorto in un burocrate. (Giovanni Giolitti)

Il nostro mondo, il mondo delle democrazie occidentali, non è certamente il migliore di tutti i mondi pensabili o logicamente possibili, ma è tuttavia il migliore di tutti i mondi politici della cui esistenza storica siamo a conoscenza. (Karl Popper)

La tirannia di un principe in un'oligarchia non è pericolosa per il bene pubblico quanto l'apatia del cittadino in una democrazia. (Montesquieu)

Democrazia è anche accettare una dose sopportabile di ingiustizia per evitare ingiustizie maggiori. (Umberto Eco)

La Democrazia non è esportabile, soprattutto, nei Paesi islamici, perché sono teocrazie fondate sulla volontà di Allah, non sulla volontà del popolo. Dio e popolo sono due principi di legittimità opposti e inconciliabili. (Giovanni Sartori)

Quella che noi viviamo è solo una democrazia virtuale, riflesso di quella reale distorta in uno specchio. (Stefano Benedetti)

La democrazia è l'arte di far credere al popolo che esso governi. (Anonimo)

# Il dolore e la sofferenza

Se fosse vero che le sofferenze rendono migliori, l'umanità avrebbe raggiunto la perfezione. (Ennio Flaiano)

Il dolore non va temuto. Infatti se è intenso è breve , se è lungo non è intenso. (Epicuro)

Il soffrire passa. L'aver sofferto non passa mai. (Fëdor Dostoevskij)

Chi aspira a grandi cose deve anche soffrire grandemente. (Licinio Crasso)

Ci sono anche i dolori di lusso, che recano lustro a chi li sopporta. (Leo Longanesi)

Su in cielo tutto è gioia. All'inferno tutto è dolore. E nel mondo, che sta nel mezzo, c'è l'una e l'altra cosa. (Baltasar Graciàn)

La miseria e le preoccupazioni generano il dolore, la sicurezza, invece, e l'abbondanza la noia. (Arthur Schopenhauer)

Narcosi: ferite senza dolori. Nevrastenia: dolori senza ferite. (Karl Kraus)

La sorte più felice tocca a colui che passa la vita senza eccessivi dolori sia spirituali sia fisici, non già a colui che ha avuto in sorte le gioie più vive o i maggiori godimenti. (Arthur Schopenhauer)

Chiunque può simpatizzare col dolore di un amico ma solo chi ha un animo nobile riesce a simpatizzare col successo di un amico. (Oscar Wilde)

Senza dolore non c'è trionfo: senza spine non c'è trono; senza ferite non c'è gloria; senza croce non c'è corona. (William Pen)

La gioia contagia, il dolore isola. (Alessandro Morandotti)

Il parto dell'uomo è doloroso, specialmente quando egli mette al mondo se stesso in età adulta. (Stanislaw Jerzy Lec)

E' lecito allungare la vita umana solo allorché se ne accorciano le sofferenze. (Stanislaw Jerzy Lec)

Chi descrive il proprio dolore, anche se piange è sul punto di consolarsi. (Ugo Ojetti)

Molto è dato a pochi, e poco è dato a molti. L'ingiustizia si è divisa il mondo e niente è distribuito equamente tranne il dolore. (Oscar Wilde)

# Il dubbio e la certezza

Il dubbio non è piacevole, ma la certezza è ridicola. Solo gli imbecilli son sicuri di ciò che dicono. (Voltaire)

Se un uomo parte con delle certezze finirà con dei dubbi; ma se si accontenta di iniziare con qualche dubbio, arriverà alla fine a qualche certezza. (F. Bacone)

Il compito degli uomini di cultura è più che mai oggi quello di seminare dei dubbi, non già di raccogliere certezze. (Bobbio)

La giusta certezza è quell'area compresa tra gli estremi dei propri dubbi sull'argomento. (Stefano Benedetti)

Il debole dubbia prima di prendere una decisione; il forte dopo averla presa. (Kraus)

Il compito più importante del dubbio è far oscillare per un poco la certezza intorno alla sua base in maniera da collaudare la sua stabilità. (Stefano Benedetti)

La creatività richiede il coraggio di abbandonare le certezze. (Eric Fromm)

È men male l'agitarsi nel dubbio, che il riposar nell'errore. (Alessandro Manzoni)

# La fantasia

I voli della fantasia finiscono tutti con l'atterrare sempre nell'aeroporto grigio della realtà. (Anonimo)

Anche in un fazzoletto da naso può esserci un firmamento, basta sapercelo vedere. (Aldo Palazzeschi)

L'immaginazione è l'intelligenza con un'erezione. (V. Hugo)

La logica vi porterà da A a B. L'immaginazione vi porterà dappertutto. (Albert Einstein)

L'immaginazione è la regina del vero, e il possibile è una delle province della verità. (Charles Baudelaire)

Ciò che è oggi dimostrato fu un tempo solo immaginato. (William Blake)

L'immaginazione al potere. Ma quale immaginazione accetterà di restarvi? (Ennio Flaiano)

La fantasia è come la marmellata, bisogna che sia spalmata su una solida fetta di pane. (Italo Calvino)

La fantasia non fa castelli in aria, ma trasforma le baracche in castelli in aria. (Karl Kraus)

Il più potente stimolante della fantasia è un prezioso scrigno chiuso che non è mai stato aperto. Finché lo lascerete chiuso potrete immaginare qualsiasi cosa al suo interno. Quando lo aprirete dovrete accettare la realtà che vi mostrerà. (Stefano Benedetti)

La fantasia è un posto dove ci piove dentro. (Italo Calvino)

Tutto quello che puoi immaginare è reale. (Pablo Picasso)

Siamo fatti della stessa materia di cui sono fatti i sogni. (William Shakespeare)

La realtà è il surrogato della fantasia. (Alessandro Morandotti)

La fantasia è la figlia diletta della libertà. (Leo Longanesi)

L'immaginazione è "la pazza di casa", m'insegnarono al liceo. La realtà è peggio, risposi: è la scema del villaggio. (Gesualdo Bufalino)

Tutti sanno che una cosa è impossibile da realizzare, finché arriva uno sprovveduto che non lo sa e la inventa. (Albert Einstein)

# La felicità

Da ragazzo mi lamentavo sempre con mio padre perché non avevo giocattoli. Lui mi diceva indicandosi la testa: questo è il più grande giocattolo del creato, è qui il segreto della felicità. (Charlie Chaplin)

L'uomo saggio non cerca la felicità ma l'assenza del dolore. (Aristotele)

La felicità dell'uomo moderno: guardare le vetrine e comprare tutto quello che può permettersi, in contanti o a rate. (Erich Fromm)

L'uomo veramente felice è quello al quale, ogni giorno che passa, non capita nulla di male. (Euripide)

Se si potesse costruire la Casa della Felicità, la stanza più grande sarebbe la "Sala d'Attesa. (Jacques Renoir)

Bimbo mi chiedi cos'è l'amore? Cresci e lo saprai. Bimbo mi chiedi cos'è la felicità? Rimani bimbo e lo saprai. (Proverbio cinese)

Chiedetevi se siete felici, e cesserete di esserlo. (John Stuart Mill)

La felicità non è avere quello che si desidera, ma desiderare quello che si ha. (Oscar Wilde)

Il segreto della felicità non è di far sempre ciò che si vuole, ma di voler sempre ciò che si fa. (Leo Tolstoy)

La suprema felicità della vita è essere amati per quello che si è o, meglio, di essere amati a dispetto di quello che si è. (Victor Hugo)

La felicità sta nel gusto e non nelle cose; si è felici perché si ha ciò che ci piace, e non perché si ha ciò che gli altri trovano piacevole. (Francois de la Rochefoucauld)

La felicità è fatta delle sventure evitate. (Alphonse Karr)

La felicità non sta nell'essere amati: questa è soltanto una soddisfazione di vanità. La felicità sta nell'amare. (Thomas Mann)

La felicità e la pace del cuore nascono dalla coscienza di fare ciò che riteniamo giusto e doveroso, non dal fare ciò che gli altri dicono e fanno. (Gandhi)

Anche se la felicità ti dimentica un po', tu non dimenticarla mai del tutto. (Jacques Prévert)

L'umanità ha sempre barattato un po' di felicità per un po' di sicurezza. (Sigmund Freud)

La felicità è un bene vicinissimo, alla portata di tutti: basta fermarsi e raccoglierla. (Seneca)

La felicità consiste nel non porsi mai il problema di misurarla o di chiedersi se si è soddisfatti o meno. (George Bernard Shaw)

La vera felicità non è in fondo a un bicchiere, non è dentro a una siringa: la trovi solo nel cuore di chi ti ama. (Jim Morrison)

Com'è amaro guardare la felicità attraverso gli occhi di un altro! (William Shakespeare)

La vera felicità è il benessere fisico e psichico che infondono equilibrio e stabilità ad ogni passo del cammino della vita. (Stefano Benedetti)

La felicità è una merce favolosa: più se ne dà e più se ne ha. (Blaise Pascal)

Una gioia disperde un centinaio di dolori. (Proverbio cinese)

La gioia più grande è quella che non è attesa. (Sofocle)

# La filosofia

Ci sono più cose in cielo e in terra che non ne sogni la tua filosofia. ( Shakespeare)

I filosofi non spuntano dal terreno come i funghi. Essi sono il prodotto del loro tempo. (K. Marx)

La filosofia non serve a nulla, dirai; ma sappi che proprio perché priva del legame di servitù é il sapere più nobile. (Aristotele)

Ci sarà un buon governo solo quando i filosofi diventeranno re o i re diventeranno filosofi. (Platone)

La filosofia non è un tempio, ma un cantiere. (Georges Canguilhem)

La maggior parte degli uomini sono filosofi in quanto operano praticamente e nel loro pratico operare è contenuta implicitamente una concezione del mondo, una filosofia. (Antonio Gramsci)

Diffidate di un filosofo che sa di sapere. (Norberto Bobbio)

Le filosofie valgono ciò che valgono i filosofi. Più l'uomo è grande, più è vera la filosofia. (Albert Camus)

# La follia e la pazzia

I pazzi aprono le vie che poi percorrono i savi. (Carlo Dossi)

Gli uomini sono così necessariamente pazzi che il non essere pazzo equivarrebbe a esser soggetto a un altro genere di pazzia. (Blaise Pascal)

I grandi uomini intraprendono le grandi imprese, perché le sanno tali; i pazzi, perché le credono facili. (Luc de Clapiers de Vauvenargues)

Ci sono più pazzi che savi, e nel savio stesso c'è più pazzia che saggezza. (Nicolas de Chamfort)

I pazzi vengono definitivamente riconosciuti tali dagli psichiatri per il fatto che dopo l'internamento mostrano un comportamento agitato. (Karl Kraus)

Chi nel corso della vita non ha mai commesso follie, è un pazzo. (Alessandro Morandotti)

I tre quarti delle pazzie non sono che sciocchezze. (Nicolas de Chamfort)

La pazzia mi visita almeno due volte al giorno. (Alda Merini)

Pazzi e intelligenti sono ugualmente innocui. I mezzi matti e i mezzi saggi, quelli sono i più pericolosi. (Johann Wolfgang Goethe)

Per essere creativo devi essere pazzo, non perché tu sei pazzo o perché vuoi che gli altri diventino pazzi, ma perché devi essere pazzo perché gli altri impazziscano per te. (Michael Bassey Johnson)

Internare la pazzia per isolarla e assimilarla è come smontare una macchina e ingoiare i pezzi d'acciaio convinti di poterli digerire. Per questo motivo abbiamo chiuso i manicomi in Italia e noi non li riapriremo mai. (Stefano Benedetti)

Magnifico fare il pazzo, se si è intelligenti. (Elias Canetti)

Ti diranno che sei un pazzo, solo perché loro non avranno mai il coraggio di fare quello che fai tu. (Anonimo)

La follia sta nel fare sempre la stessa cosa aspettandosi risultati diversi. (Albert Einstein)

Posso misurare il moto dei corpi, ma non l'umana follia. (Isaac Newton)

Un uomo con un'idea nuova è un matto, finché quell'idea non ha successo. (Mark Twain)

## I Giudizi e le opinioni

Le opinioni, si sa, sono come i coglioni; ognuno ha i suoi. (Giorgio Gaber)

Quando gli sciocchi chiedono un giudizio è soltanto perché sperano di sentirsi approvarsi la decisone che hanno già preso. (Bierce)

Meglio essere folle per proprio conto che saggio con le opinioni altrui. (Friedrich Nietzsche)

Il serpente che non può lasciarsi dietro la propria pelle deve morire. Così succede alla mente che non sa cambiare le proprie opinioni. Smette di essere una mente. (Friedrich Nietzsche)

Non importa che la memoria venga meno se, al momento, non vien meno il giudizio. (Johann Wolfgang Goethe)

Chi vuole che il suo giudizio sia creduto lo pronunci freddamente e senza passione. (Arthur Schopenhauer)

Aveva un'opinione così alta di se stesso, che sovente gli pareva d'essere un nano. (Stanislaw Jerzy Lec)

# La guerra

Non so con quali armi si combatterà la terza guerra mondiale, ma la quarta sì: con bastoni e pietre. (Einstein)

Occhio per occhio... e il mondo diventa cieco. (Gandhi)

Coloro che vincono, in qualunque modo vincano, mai non ne riportano vergogna. (Machiavelli)

Pace non é solo il contrario di guerra, non é solo lo spazio temporale tra due guerre... Pace é di più. E' la Legge della vita. E' quando noi agiamo in modo giusto e quando tra ogni singolo essere regna la giustizia. (Detto degli Irochesi)

Per noi i guerrieri non sono quello che voi intendete. Il guerriero non è chi combatte, perché nessuno ha il diritto di prendersi la vita di un altro. Il guerriero per noi è chi sacrifica se stesso per il bene degli altri. E' suo compito occuparsi degli anziani, degli indifesi, di chi non può provvedere a se stesso e soprattutto dei bambini, il futuro dell'umanità. (Toro Seduto)

La fede è d'oro, l'entusiasmo è d'argento, il fanatismo è di piombo. (Ugo Ojetti)

Noi siamo disarmati. Comunque siamo disposti a darvi ciò che chiedete a condizione che voi veniate a noi in pace e non con spade e fucili, come se steste andando in guerra contro un nemico. (Powathan)

Se le persone interventiste potessero trascorrere un giorno a toccare le viscere srotolate a terra, a sentire il puzzo della putrefazione, a vedere gambe e braccia troncate sparpagliate per i campi, a vedere le facce sfigurate ferme in un grido di dolore, a sporcarsi gli abiti e le mani di sangue; allora credetemi difficilmente ci sarebbero soldati disposti a morire affinché qualcuno possa prendere il potere. (Stefano Benedetti)

La guerra è crudele per i popoli e terribile per i vinti. (Napoleone)

La gloria sfugge chi l'insegue, segue chi la trascura. (Osorio)

E' facile ammazzare a volo l'uccello che si leva su dritto, ma non quello che devia continuamente. (Baltasar Graciàn)

I sottufficiali più piccoli di statura sono i più superbi. (Georg Christoph Lichtenberg)

E' inutile un esercito contro un ideale (G. Vaudano)

# Le ingiurie e le offese

Le ingiurie fan come le processioni; ritornano sempre al luogo di partenza. (Vincenzo Monti)

Gli insulti e i pettegolezzi della gente non osano assalire due persone ad un tempo. Perciò il medico accorto, se gli avviene di sbagliare la cura, non farà male a cercare chi, chiamato a consulto, lo aiuti a portare la bara del paziente. (Baltasar Graciàn)

Gli uomini si vergognano, non delle ingiurie che fanno, ma di quelle che ricevono. Però ad ottenere che gl'ingiuriatori si vergognino, non v'è altra via, che di rendere loro il cambio. (Giacomo Leopardi)

Vi sono due cose alle quali bisogna assuefarsi, se non si vuole trovare la vita insopportabile: le ingiurie del tempo e le ingiustizie degli uomini. (Nicolas de Chamfort)

Non c'è ingiuria che non perdoniamo, quando ce ne siamo vendicati. (Luc de Clapiers de Vauvenargues)

I maggiori rancori si serbano per quelle offese delle quali non ce la possiamo apertamente pigliare. (Carlo Dossi)

Chi offende, rado perdona all'offeso. (Carlo Dossi)

# L'ingiustizia

Ogni vero uomo deve sentire sulla propria guancia lo schiaffo dato a qualunque altro uomo. (Che Guevara)

Il supremo male che possa capitare è commettere ingiustizia ; non vorrei né patirla né commetterla, ma, fra le due, preferirei piuttosto patire che commettere ingiustizia. (Platone)

Bisogna abituarsi a due cose perché la vita diventi sopportabile, ossia alle ingiurie del tempo e all'ingiustizia degli uomini. (Chamfort)

L'ingiustizia è quella prevaricazione che fa tendere la mano per chiedere la carità, che fa chinare il capo di fronte il potere, che fa piangere di nascosto, che tramuta la forza interiore in rabia repressa; è il fango che avvinghia e trascina verso il fondo le persone per bene di qualsiasi estrazione sociale. (Stefano Benedetti)

Un animo grande è superiore all'ingiuria, all'ingiustizia, al dolore, al dileggio; e sarebbe invulnerabile, se non soffrisse per compassione. (Jean de la Bruyère)

# L'intelligenza e la stupidità

L'intelligenza è invisibile per l'uomo che non ne possiede. (Schopenhauer)

Avere una grande cultura non significa essere intelligente. (Eraclito)

L'intelligenza è la capacità di ragionare in astratto, cosa che riesce bene a tutti gli animali, ma che l'uomo ha difficoltà a fare. (Stefano Benedetti)

Più che di macchine abbiamo bisogno di umanità. Più che di intelligenza abbiamo bisogno di dolcezza e bontà. (Charlie Chaplin)

Uno stupido è uno stupido. Due stupidi sono due stupidi. Diecimila stupidi sono una forza storica. (Leo Longanesi)

Il cavillare può essere segno di ingegnosità, ma il saper trovare una via d'uscita dalle difficoltà è indice di intelligenza. (Baltasar Graciàn)

Quando doveva far uso della mente era come quando qualcuno abituato a usare la destra è costretto a usare la sinistra. (Georg Christoph Lichtenberg)

L'uomo che non riesce a visualizzare un cavallo al galoppo su un pomodoro è un idiota. (André Breton)

Ognuno è un genio. Ma se si giudica un pesce dalla sua abilità di arrampicarsi sugli alberi lui passerà tutta la sua vita a credersi stupido. (Albert Einstein)

La diligenza maschera con scrupoloso zelo la mancanza d'intelligenza. (Alessandro Morandotti)

Assioma di Cole - La somma dell'intelligenza sulla Terra è costante; la popolazione è in aumento. (Arthur Bloch)

Nelle valli della stupidità per i filosofi cresce pur sempre più erba che sulle nude alture dell'intelligenza. (Ludwig Wittgenstein)

Un uomo intelligente costretto a vivere insieme a degli sciocchi assomiglia a colui che ha un orologio che va bene in una città le cui torri hanno tutte orologi che vanno male. Lui solo sa l'ora giusta: ma a che gli serve? Tutta la gente si regola secondo gli orologi cittadini sbagliati, persino coloro i quali sanno che soltanto il suo orologio indica l'ora vera. (Arthur Schopenhauer)

Tutto ciò che è intelligente è già stato pensato: bisogna solo tentare di ripensarlo di nuovo. (J. Wolfgang Goethe)

# Il lavoro

Il lavoro debilita l'uomo e il capitalismo lo fa schiavo. (Stefano Benedetti)

Uno dei sintomi dell'arrivo di un esaurimento nervoso è la convinzione che il proprio lavoro sia tremendamente importante. Se fossi un medico, prescriverei una vacanza a tutti i pazienti che considerano importante il loro lavoro. (Bertrand Russell)

Che brutto sogno ho fatto stanotte. Ho sognato che lavoravo. (Eduardo De Filippo)

Ci sono due categorie di persone fortunate: quelle che hanno trovato il proprio lavoro e quelle che non hanno bisogno di trovarne uno. ( Giovanni Soriano)

Il lavoro mi piace, mi affascina. Potrei starmene seduto per ore a guardarlo. (Jerome Klapka)

Il lavoro allontana da noi tre grandi mali: la noia, il vizio e il bisogno. (Voltaire)

Mi piace fare il presidente. La paga è buona e posso andare al lavoro a piedi. (John F. Kennedy)

# La libertà

La libertà è come il sesso, può far nascere la vita o far pisciare. In Italia ha seri problemi d'incontinenza. (Stefano Benedetti)

L'anima libera è rara, ma quando la vedi la riconosci: soprattutto perché provi un senso di benessere, quando gli sei vicino. (Charles Bukowski)

Nessuno può essere libero se costretto ad essere simile agli altri. (Oscar Wilde)

L'uomo è nato libero, e dappertutto è in catene. (Jean Jacques Rousseau)

Essere libero è nulla, divenirlo è cosa celeste. (Fichte)

La gente esige la libertà di parola per compensare la libertà di pensiero, che invece rifugge. (Kierkegaard)

L'anima libera e' rara, ma quando la vedi la riconosci: soprattutto perché provi un senso di benessere, quando gli sei vicino. (Charles Bukowski)

Il conformismo è il carceriere della libertà e il nemico della crescita. (John Fitzgerald Kennedy)

La libertà dell'uomo è definitiva ed immediata, se così egli vuole; essa non dipende da vittorie esterne, ma interne. (Paramahansa Yogananda)

Non mi pento dei momenti in cui ho sofferto; porto su di me le cicatrici come se fossero medaglie, so che la libertà ha un prezzo alto, alto quanto quello della schiavitù. (Paulo Coelho)

Non si potrà mai rendere libero qualcuno. Si può solo insegnare alle persone ad aprire la porta... ma sono loro a doverla attraversare. (Richard Bandler)

Nessuno è più schiavo di colui che si ritiene libero senza esserlo. (Johann Wolfgang Goethe)

L'uomo non ha limiti e quando un giorno se ne renderà conto, sarà libero anche qui in questo mondo. (Giordano Bruno)

La libertà economica è la condizione necessaria della libertà politica. (Luigi Einaudi)

Per me libertà e giustizia sociale, che poi sono le mete del socialismo, costituiscono un binomio inscindibile non vi può essere vera libertà senza la giustizia sociale, come non vi può essere vera giustizia sociale senza libertà. (Sandro Pertini)

L'atto di disobbedienza, in quanto atto di libertà, è l'inizio della ragione. (Erich Fromm)

La vera libertà individuale non può esistere senza sicurezza economica ed indipendenza. La gente affamata e senza lavoro è la pasta di cui sono fatte le dittature. (Franklin Delano Roosevelt)

Date agli altri molta libertà se volete averne. (C. Dossi)

Il grado di libertà di un uomo si misura dall'intensità dei suoi sogni. (Ada Merini)

Non è la libertà che manca; mancano gli uomini liberi. (Leo Longanesi)

Più d'un boomerang non torna. Sceglie la libertà. (Stanislaw Jerzy Lec)

La libertà non è star sopra un albero, non è neanche il volo di un moscone, la libertà non è uno spazio libero, libertà è partecipazione. (Giorgio Gaber)

Gli uomini, per essere liberi, è necessario prima di tutto che siano liberati dall'incubo del bisogno.(Sandro Pertini)

# Il mare

Nelle città senza mare... chissà a chi si rivolge la gente per ritrovare il proprio equilibrio... forse alla luna...(Banana Yoshimoto)

La vita non la misurai in anni, ma in strade, ponti, montagne, chilometri che mi separavano ogni volta dal mare. (Fabrizio Caramagna)

Per me il mare è un continuo miracolo; I pesci che nuotano, le rocce, il moto delle onde, le navi, con gli uomini a bordo. Che miracoli più sorprendenti ci possono essere? (Walt Whitman)

Mi feci tante domande che andai a vivere sulla riva del mare e gettai in acqua le risposte per non litigare con nessuno. (Pablo Neruda)

In piedi davanti al mare meravigliato della propria meraviglia: io un universo d'atomi, un atomo nell'universo. (Richard Feynman)

Sii come il mare che rifrangendosi sugli scogli torna a ricomporsi e a riprovarci ancora ad abbattere quella infrangibile barriera mai stanco di cimentarsi. (Jim Morrison)

# La morte

La morte non va temuta perché quando ci siamo noi non c'è lei e quando c'è lei non ci siamo noi . ( Epicuro )

Non vorrei mai morire per le mie idee, perché potrebbero essere sbagliate. (Bertrand Russell)

Ricordati che sei nato mortale di natura e hai avuto un tempo limitato ma con i tuoi ragionamenti sulla natura sei assurto all'infinità e all'eternità, e hai contemplato le cose che sono, che furono e che saranno. (Metrodoro)

 Ecco il nostro errore: vediamo la morte davanti a noi e invece gran parte di essa è già alle nostre spalle: appartiene alla morte la vita passata. (Seneca)

Nessuno é così favorito da non avere accanto a sé, al momento della morte, qualcuno che gioisca del triste evento. (M. Aurelio)

Chi si accorcia di vent'anni la vita, accorcia di altrettanto la paura della morte. (Shakespeare)

Quando morirò andrò in paradiso, perché l'inferno l'ho già vissuto quaggiù. (Jim Morrison)

Se per vivere devi strisciare, alzati e muori. (Jim Morrison)

Nessun grido atroce all'orecchio come il silenzio dell'insetto sotto il dito che lo schiaccia. (Camillo Sbarbaro)

Anche i morti invecchiano. (Alessandro Morandotti)

Se si potesse scontare la morte dormendola a rate! (Stanislaw Jerzy Lec)

Il fatto che sia morto non significa affatto che sia vissuto. (Stanislaw Jerzy Lec)

Qualunque cosa si dica, la vita è più antica e più forte della morte: nulla è morto che non fosse prima nato. (Gesualdo Bufalino)

Legge di Fuller - Più lontano accade una catastrofe o un incidente, più alto deve essere il numero di morti e feriti perché faccia notizia. (Arthur Bloch)

Che Dio sia morto o no, è impossibile tacerne: c'è stato per tanto tempo. (Elias Canetti)

Il professore di lingue morte si suicidò per parlare le lingue che sapeva. (Leo Longanesi)

# La musica

Cos'è il Jazz? Amico, se lo devi chiedere, non lo saprai mai. (Louis Amstrong)

Non è difficile comporre, ma è incredibilmente difficile eliminare le note superflue. (Johannes Brahms)

In campo musicale un agente è una persona che è irritata perché un artista trattiene il 90% di quello che guadagna. (Elton John)

La musica aiuta a non sentire dentro il silenzio che c'è fuori. (Johann Sebastian Bach)

La musica aiuta a non sentire dentro il silenzio che c'è fuori. (Johann Sebastian Bach)

Il bello della musica è che quando ti colpisce non senti dolore.
(Bob Dylan)

Ecco quel che ho da dir sulla musica: ascoltatela, suonatela, amatela, riveritela e tenete la bocca chiusa. (Albert Einstein)

La musica è una matematica sonora. La matematica, una musica silenziosa. (Edouard Herriot)

# Il Natale

Ricorda se non riesci a trovare il Natale nel tuo cuore,
non potrai trovarlo sicuramente sotto un albero.
(Charlotte Carpenter)

Natale altro non è che quest'immenso
silenzio che dilaga per le strade,
dove platani ciechi
ridono con la neve, (Maria Luisa Spaziani)

S'io fossi il mago di Natale
farei spuntare un albero di Natale
in ogni casa, in ogni appartamento
dalle piastrelle del pavimento,
ma non l'alberello finto,
di plastica, dipinto
che vendono adesso all'Upim:
un vero abete, un pino di montagna,
con un po' di vento vero
impigliato tra i rami,
che mandi profumo di resina
in tutte le camere,
e sui rami i magici frutti: regali per tutti.
(Gianni Rodari)

Ho smesso di credere a Babbo Natale quando avevo sei anni. Mia madre mi portò a vederlo in un grande magazzino e lui mi chiese l'autografo. (Shirley Temple)

Babbo Natale indossa un abito rosso, deve essere un comunista. E una barba e capelli lunghi, deve essere un pacifista. Chissà cosa c'è in quella pipa che sta fumando? (Arlo Guthrie)

E se invece venisse per davvero? Se la preghiera, la letterina, il desiderio espresso così, più che altro per gioco venisse preso sul serio? Se il regno della fiaba e del mistero si avverasse? (Dino Buzzati)

Non ho mai creduto a Babbo Natale perché sapevo che nessun uomo bianco sarebbe venuto nel mio quartiere quando scendeva il buio. (Dick Gregory)

Il Natale è sogno da bambino, attesa da adolescente, consuetudine da adulto, malinconia da vecchio. (Stefano Benedetti)

## La natura

Non dimenticate che la terra si diletta a sentire i vostri piedi nudi e i venti desiderano intensamente giocare con i vostri capelli. (Kahlil Gibran)

E questa nostra vita, via dalla folla, trova lingue negli alberi, libri nei ruscelli, prediche nelle pietre, e ovunque il bene. (William Shakespeare)

Quando uomini e montagne si incontrano, grandi cose accadono. (William Blake)

La natura non ha fretta, eppure tutto si realizza. (Lao Tzu)

Gli uomini discutono, la natura agisce. (Voltaire)

Mi piace quando un fiore o un piccolo ciuffo di erba crescono attraverso una fessura nel cemento. E' così dannatamente eroico. (George Carlin)

Guardate nel profondo della natura, e allora capirete meglio tutto. (Albert Einstein)

Ho fatto una strana scoperta. Ogni volta che parlo con un sapiente sono sicuro che la felicità non è possibile. Eppure, quando parlo con il mio giardiniere, io sono convinto del contrario. (Bertrand Russell)

## Gli occhi

C'è una strada che va dagli occhi al cuore senza passare dall'intelletto. (GK Chesterton)

Gli occhi, d'un grigio celeste o d'un celeste grigio  d'un colore un po' incerto e ambiguo, il colore, ad esempio, d'una montagna lontana. (Thomas Mann)

Di occhi belli ne è pieno il mondo ma di occhi che ti guardano con sincerità e amore ce ne sono pochi. (Bob Marley)

Gli occhi molto belli sono insostenibili, bisogna guardarli sempre, ci si affoga dentro, ci si perde, non si sa più dove si è. (Elias Canetti)

Tutto in lui era vecchio tranne gli occhi che avevano lo stesso colore del mare ed erano allegri e indomiti. (Ernest Hemingway)

Fino a quando il colore della pelle sarà più importante del colore degli occhi ci sarà sempre la guerra. (Bob Marley)

L'anima è la nostra dimora; i nostri occhi sono le sue finestre, e le nostre parole i suoi messaggeri. (Kahlil Gibran)

# La paura

Se hai paura, se temi, se sei spaventato da una persona, non tremare, immaginala seduta sulla tazza del cesso e tutto il tuo tremore sfocerà in una risata. (Stefano Benedetti)

Quando si ha qualcosa da perdere, si comincia ad avere paura. Ma la felicità è questo: conoscere il valore di quello che possediamo. (Banana Yoshimoto)

Ci sono solo due forze che uniscono gli uomini: la paura e l'interesse. (Napoleone)

La paura è l'origine di tutti i nostri mali, dunque non abbiate paura. (C. W. Brown)

E se la terra avesse solo una vaga idea della paura che ha la cometa di toccarla! (Karl Kraus)

Il pauroso non sa che cosa significa essere soli: dietro la sua poltrona c'è sempre un nemico. (F. Nietzsche)

Ho sempre avuto paura dei fucili scarichi. Li usavano per rompere le teste. (Stanislaw Jerzy Lec)

La maggior parte delle mie paure, circa i mali fisici, riguarda i medici e le loro cure, non la malattia. (Ceronetti)

# La passione

Chi non arde non incendia. (Anonimo)

La passione tinge dei propri colori tutto ciò che tocca. (Baltasar Graciàn)

Le passioni sono come buchi attraverso i quali chiunque può vedere e conoscere l'animo di un uomo. (B. Graciàn)

La giovinezza non sta nel mutare idee e passioni ogni giorno, ma nel provare ogni giorno le proprie idee e passioni contro la realtà, per vedere se tagliano. (Ugo Ojetti)

C'erano veramente due sole persone al mondo che egli amava con passione: l'una era il suo più grande adulatore, l'altra se stesso. (Georg Christoph Lichtenberg)

Ci sono persone così piene di sé che, quando sono innamorate, trovano il modo di occuparsi della loro passione senza occuparsi della persona che amano. (François de la Rochefoucauld)

La passione è quello stato dell'animo che spesso è confuso con altri perché sostituita dai pregiudizi che la società ha inculcato. (Stefano Benedetti)

# Il piacere

Nessun piacere è di per se stesso un male: però i mezzi per procurarsi certi piaceri arrecano molti più tormenti che piaceri. (Epicuro)

Il piacere di dispiacere a chi si vuol far piacere. (Leo Longanesi)

Il sentimento della fallacia dei piaceri presenti e l'ignoranza della vanità di quelli assenti causano l'incostanza. (Blaise Pascal)

I corpi li unisce il piacere, le anime la pena. (G. Ceronetti)

I sessi sono due: maschile e femminile. Non avere pregiudizi sulla scelta e l'uso del sesso è una delle condizioni per una durevole tranquillità. Scegliere un sesso non deve significare la rinuncia ai piaceri che può procurare l'altro sesso. (Ennio Flaiano)

La castità è il miraggio degli osceni. (Ennio Flaiano)

La vanità è il primo interesse e il primo piacere della gente ricca. (Luc de Clapiers de Vauvenargues)

Nella pura amicizia c'è un piacere che non possono provare quanti sono nati mediocri. (J. de la Bruyère)

# La politica

La politica migliore è la semplicità e la verità. (Napoleone Bonaparte)

La miseria italiana è la grande scusa che permette al governo di gettar via denari. (Leo Longanesi)

Non sono le idee che mi spaventano, ma le facce che rappresentano queste idee. (Leo Longanesi)

Un'idea che non trova posto a sedere è capace di fare la rivoluzione. (Leo Longanesi)

Non riesco a capire perché le persone siano spaventate dalle nuove idee. A me spaventano quelle vecchie. (John Cage)

Il politico è come la donna frigida: per piacere deve fingere. (Roberto Gervaso)

Certi inchiostri rossi invecchiando diventano neri. Tal è l'animo di alcuni nostri politici. (Carlo Dossi)

Il diritto spinto all'eccesso diviene torto, e l'arancia troppo strizzata sprizza umore amaro. (Baltasar Graciàn)

Tra il dire e il fare c'è una busta da dare. (Marcello Marchesi)

I falli degli uomini grandi vengono notati più degli altri,
come avviene per le eclissi degli astri maggiori.
(Baltasar Graciàn)

Non posso accettare una classe di politici che non ha
studiato per questo, che non ha conseguito una laurea
come politico o meglio come amministratore dello stato
perché questo dovrebbero essere. Questa ignoranza
diffusa ha creato classi di politici moralmente nani.
(Stefano Benedetti)

Non abbiamo bisogno di chissà quali grandi cose o
chissà quali grandi uomini. Abbiamo solo bisogno di più
gente onesta. (Benedetto Croce)

Politica e mafia sono due poteri che vivono sul controllo
dello stesso territorio: o si fanno la guerra o si mettono
d'accordo. (Paolo Borsellino)

La situazione politica in Italia è grave ma non è seria.
(Ennio Flaiano)

Il sonno della ragione produce ministri. (A. Arbasino)

Come esistono oratori balbuzienti, umoristi tristi,
parrucchieri calvi, potrebbero esistere benissimo anche
dei politici onesti. (Dario Fo)

Nella politica è come sul teatro. Vi ha gli autori che scrivono le opere da recitarsi e non appaiono sul palco; e gli attori che le recitano pubblicamente e non le hanno scritte. (C. Dossi)

Certi uomini politici giustificano i loro arricchimenti (ville, barche, quadri d'autore) dicendo che sono il frutto dei loro sudati risparmi. Probabilmente, hanno cominciato a risparmiare nel 400 avanti Cristo. (Beniamino Placido)

Ci sono degli uomini politici, che sarebbe bene chiamare politicanti, i quali, se avessero come elettori dei cannibali, prometterebbero loro missionari per cena. (Henry Louis Mencken)

Non esiste una moralità pubblica e una moralità privata. La moralità è una sola, perbacco, e vale per tutte le manifestazioni della vita. E chi approfitta della politica per guadagnare poltrone o prebende non è un politico. È un affarista, un disonesto. (Sandro Pertini)

Quando si chiedono sacrifici alla gente che lavora, ci vuole un grande consenso, una grande credibilità politica e la capacità di colpire esosi e intollerabili privilegi. (Enrico Berlinguer)

# Il potere

Anche sul trono più elevato del mondo si è pur sempre seduti sul proprio sedere. (Montaigne)

La distinzione netta tra un uomo per bene e un delinquente è nella finalità e nel modo in cui esercita il potere. (Stefano Benedetti)

Il potere che hanno su di noi le persone che amiamo è quasi sempre maggiore di quello che abbiamo noi stessi. (François de la Rochefoucauld)

È terribile quando un solo padrone ha molti schiavi. Ma è forse anche peggio quando un solo schiavo ha molti padroni. (Stanislaw Jerzy Lec)

Chi non è padrone di sé finisce servo degli altri. (Roberto Gervaso)

Lo schiavo ha un solo padrone; l'ambizioso ne ha tanti quante sono le persone utili alla sua fortuna. (Jean de la Bruyère)

La corruttela de' costumi è mortale alle repubbliche, e utile alle tirannie e monarchie assolute. Questo solo basta a giudicare della natura e differenze di queste due sorti di governi. (Giacomo Leopardi)

# La povertà e la ricchezza

Alla povertà manca poco, all'avidità tutto. (Publilio Siro)

Valutati di più: ci penseranno gli altri ad abbassare il prezzo. (A. Cechov)

Solo i poveri riescono ad afferrare il senso della vita, i ricchi possono solo tirare a indovinare. (Charles Bukowski)

Le ricchezze moltiplicano gli amici, ma il povero è abbandonato anche dall'amico che ha. (Salomone)

Sulla terra c'è abbastanza per soddisfare i bisogni di tutti ma non sufficienza per soddisfare l'ingordigia di pochi. (Gandhi)

Veramente ricco è soltanto colui che possiede il cuore di una persona amata. (Greta Garbo)

Vissero infelici perché costava meno. (Leo Longanesi)

La ricchezza è una convinzione; la povertà una certezza. (Leo Longanesi)

Se il vostro portafoglio è perennemente vuoto e la vostra anima piena, avrete grosse difficoltà a vivere. Se la vostra anima è vuota e il vostro portafoglio pieno, non avrete alcuna possibilità di salvarvi. (Stefano Benedetti)

# I pregiudizi e le ipocrisie

È più facile spezzare un atomo che un pregiudizio. (A. Einstein)

Il buon senso è l'insieme di pregiudizi acquisiti fino ai diciott'anni. (A. Einstein)

I pregiudizi sono i paraocchi che impediscono al cavallo di vedere gli orrori e lo obbligano a rispondere docilmente ai comandi del padrone. (Stefano Benedetti)

Il pregiudizio è un prodotto dell'ignoranza che si nasconde dietro la barriera della tradizione (Jasper Fforde)

È interessante il fatto che meno un uomo è sicuro di sé, più è facile che abbia enormi pregiudizi. (Clint Eastwood)

L'ignoranza è meno lontana dalla verità del pregiudizio. (Denis Diderot)

La scienza rimpiazza i pregiudizi privati con pubbliche, verificabili evidenze. (Richard Dawkins)

I pregiudizi, come è risaputo, sono più difficili da sradicare dai cuori che non sono mai stati ammorbiditi o fertilizzati dall'istruzione. Crescono lì, robusti come erbacce tra i sassi. (Charlotte Brontë)

# Il razzismo

Sulla pelle di ogni colore diverso, il sudore ha lo stesso colore. (Stefano Benedetti)

Le lacrime di un uomo rosso, giallo, nero, marrone o bianco sono tutti uguali. (Martin H. Fischer)

Un uomo non può tenere un altro uomo nel fango senza restare nel fango con lui. (Booker T. Washington)

Io appartengo all'unica razza che conosco, quella umana. (Albert Einstein)

La lavanderia è l'unica posto dove le cose dovrebbero essere separate in base al colore. (Anonimo)

Abbiamo imparato a volare come gli uccelli, a nuotare come i pesci, ma non abbiamo imparato l'arte di vivere come fratelli. (Martin Luther King)

Oggi sappiamo con certezza che la segregazione è morta. L'unica domanda che rimane è quanto costoso sarà il funerale. (Martin Luther King)

Il razzismo è il luogo comune dove tutti gli stupidi si incontrano. (Anonimo)

Fino a quando il colore della pelle non sarà considerato come il colore degli occhi noi continueremo a lottare. (Che Guevara)

Le guerre continueranno ad esistere se il colore della pelle è più importante di quello degli occhi. (Bob Marley)

La lavanderia è l'unica posto dove le cose dovrebbero essere separate in base al colore. (Anonimo)

Meno è intelligente il bianco, più gli sembra che sia stupido il negro. ( André Gide)

Per me quello che conta, in una persona, non è che sia ebrea o cattolica, ma che sia degna di rispetto. E sono convinta che non esistano le razze, ma i razzisti. (Rita Levi Montalcini)

Molti continuano ad essere razzisti solo per difendere i loro capitali accumulati con il sudore, la fatica e la morte di coloro che deprecano. Molti continuano a difendere i razzisti per non perdere il tozzo di pane che cade dalle loro tavole. (Stefano Benedetti)

Il razzismo si ammala e muore quando la gente si inocula il vaccino del rispetto per la dignità e intelligenza altrui. (Stefano Benedetti)

# La religione

E' meglio dormire con un cannibale sobrio che con un cristiano ubriaco. (H. Melville)

Se ad un Dio si deve questo mondo, non ci terrei ad essere quel Dio: l'infelicità che vi regna mi strazierebbe il cuore. (Schopenhauer)

Dio ci ha dato due orecchie, ma soltanto una bocca, proprio per ascoltare il doppio e parlare la metà. (Epitteto)

Il diavolo è un ottimista se crede di poter peggiorare gli uomini. (Karl Kraus)

La Chiesa è esattamente ciò contro cui Gesù predicò e contro cui insegnò ai suoi discepoli a combattere. (Nietzsche)

La religione è un narcotico con cui l'uomo controlla la sua angoscia, ma ottunde la sua mente. (Freud)

Non è irreligioso chi rinnega gli dei del volgo , ma chi le opinioni del volgo applica agli dei (Epicuro)

È impossibile vedere l'angelo se prima non possiedi un'idea di angelo. (James Hillman)

La religione è l'oppio del popolo. (Marx)

Grande Spirito, preservami dal giudicare un uomo non prima di aver percorso un miglio nei suoi mocassini. (Guerriero Apache anonimo)

La principale fonte dei conflitti odierni tra le sfere della religione e della scienza sta tutta in questa idea di un Dio personale. (...) Nella lotta per il bene morale, i maestri della religione debbono avere la capacità di rinunciare alla dottrina d'un Dio personale, vale a dire rinunciare alla fonte della paura e della speranza, che nel passato ha garantito ai preti un potere così ampio. (Albert Einstein)

I preti debbono restringersi a dirigere le cose del culto. (Napoleone)

Gli uomini sono eguali in faccia a Dio; la saggezza, i talenti e le virtù sono le sole differenze che li distinguono. (Napoleone Bonaparte)

Per l'uomo veramente religioso niente è peccato. (Novalis)

Il vero oscurantismo non consiste nell'impedire la diffusione di ciò che è vero, chiaro e utile, ma nel mettere in circolazione ciò che è falso. (J. W. Goethe)

# La saggezza

Il saggio sa di essere stupido, è lo stupido invece che crede di essere saggio. (William Shakespeare)

È caratteristico della saggezza non fare cose disperate. (Henry David Thoreau)

Il proverbio è l'ingegno di un uomo e la saggezza di tutti. (Bertrand Russell)

È il grande inganno, la saggezza dei vecchi. Non diventano saggi. Diventano attenti. (Ernest Hemingway)

La conoscenza parla, ma la saggezza ascolta. (Jimi Hendrix)

Solo i grandi sapienti ed i grandi ignoranti sono immutabili. (Confucio)

Agli esami gli sciocchi fanno spesso domande a cui i saggi non sanno rispondere. (Oscar Wilde)

Saggio è colui che si contenta dello spettacolo del mondo. (Fernando Pessoa)

Il successo è il solo infallibile criterio di saggezza per le menti volgari. (Edmund Burke)

L'uomo prolisso è raramente saggio. (Baltasar Graciàn)

Come la rupe massiccia non si scuote per il vento, così pure non vacillano i saggi in mezzo a biasimi e lodi. (Buddha)

La saggezza non è un prodotto dell'istruzione ma del tentativo di acquisirla, che dura tutta la vita. (Albert Einstein)

L'educazione è la nemica della saggezza, perché l'educazione rende necessarie tante cose, di cui, per esser saggi, si dovrebbe fare a meno. (Luigi Pirandello)

Le passioni fanno vivere l'uomo, la saggezza lo fa soltanto vivere a lungo. (Nicolas de Chamfort)

La saggezza non sta nel distruggere gli idoli, sta nel non crearne mai. (Umberto Eco)

Saggio è chi riesce a vivere inventandosi le proprie illusioni. (Woody Allen)

Sapere di sapere quel che si sa e sapere che non si sa quel che non si sa: ecco la saggezza. (Alphonse Karr)

A un pranzo di gala uno dovrebbe mangiare con saggezza ma non troppo bene, e parlare bene ma non troppo saggiamente. (William Somerset Maugham)

Chi gli altri conosce è erudito; chi conosce se stesso, è saggio. (Lao-Tzu)

La saggezza non consiste nel cercare di strappare il bene dal male, ma nell'imparare a "cavalcare" entrambi, proprio come un tappo di sughero si adatta alla cresta e al solco dell'onda. (Bruce Lee)

Una domanda assennata rappresenta metà della saggezza. (Francesco Bacone)

Il cuore dello stupido è nella sua bocca, ma la bocca del saggio è nel suo cuore. (Benjamin Franklin)

Chi confessa la propria ignoranza la mostra una volta, chi non la confessa, infinite. (Proverbio Cinese)

La saggezza non può essere trasmessa. La saggezza che un saggio tenta di trasmettere suona sempre simile alla follia. (Hermann Hesse)

Il maggior guaio del gittar perle a' porci non tanto è che si sprechin le perle quanto che si guastano i porci. (Ugo Bernasconi)

Lo sciocco cerca la felicità lontano, il saggio la fa crescere ai suoi piedi. ((J. Openheim)

Il saggio sa farsi dell'avversione altrui uno specchio più fedele che quello dell'affetto. (Baltasar Graciàn)

La forza d'animo dei saggi non è altro che l'arte di tener chiuso nel cuore il proprio turbamento. (François De La Rochefoucauld)

Saggio è colui che modula le proprie necessità nell'ambito di una giusta morale. La giusta morale si costruisce assemblando pezzetti giusti ritagliati da qualsiasi altra morale. Il resto? Il resto buttatelo via. (Stefano Benedetti)

Una grande passione infelice è un grande mezzo di saggezza. (Jean Jacques Rousseau)

Si danno i consigli, ma non si dà la saggezza di seguirli. (Francois de La Rochefoucauld)

Se il matto persistesse nella sua follia, andrebbe incontro alla saggezza. (William Blake)

La via dell'eccesso conduce al palazzo della saggezza. (William Blake)

# Le scienze

Non preoccuparti delle tue difficoltà in matematica; posso assicurarti che le mie sono ancora maggiori. (Albert Einstein)

I computer sono incredibilmente veloci, accurati e stupidi. Gli uomini sono incredibilmente lenti, inaccurati e intelligenti. L'insieme dei due costituisce una forza incalcolabile. (Albert Einstein)

Se segnassimo a caso dei punti su un foglio di carta , si potrebbe individuare sempre e comunque un'equazione matematica tale da rendere conto di quanto fatto. (Leibniz)

La matematica non possiede soltanto la verità, ma anche la bellezza suprema, una bellezza fredda ed austera, come quella della scultura. (Bertrand Russell)

Un giorno le macchine riusciranno a risolvere tutti i problemi, ma mai nessuna di esse potrà porne uno. (Albert Einstein)

Solo due cose sono infinite: l'universo e la stupidità umana e non sono sicuro della prima. (Albert Einstein)

I fenomeni visibili sono uno sguardo lanciato su ciò che non è visibile. (Anassagora)

La matematica è l'unico linguaggio umano che permette di descrivere l'universo con precisione. (Stefano Benedetti)

La nostra conoscenza, se paragonata alla realtà, è primitiva e infantile. Eppure è il bene più grande di cui disponiamo. (Albert Einstein)

La scienza è una cosa meravigliosa... per chi non deve guadagnarsi da vivere con essa. (Albert Einstein)

Ci sono persone che sanno tutto e purtroppo è tutto quello che sanno. (Oscar Wilde)

La scienza è il capitano e la pratica sono i soldati. (Leonardo da Vinci)

Tale che non è riuscito ad esser genio, si rassegna a fare il santo. (Ugo Bernasconi)

Il poeta comprende la natura meglio che lo scienziato. (Novalis)

Adoro gli esperimenti folli. Li faccio in continuazione. (Charles Darwin)

La vera cosa importante nella scienza non è tanto scoprire nuovi fatti, ma piuttosto nuovi modi di pensarli. (William Bragg)

I più accaniti difensori di una scienza, che non possono sopportare il minimo sguardo critico o denigratore di essa, sono di solito quelle persone che non sono mai andate molto avanti in quella scienza e intimamente sono consapevoli di questa deficienza. (Georg Christoph Lichtenberg)

La scienza non può dimostrare né che tutti gli uomini sono eguali né che il comportarsi secondo questo principio sia alla lunga utile. (Friedrich Nietzsche)

Chi va formando la lingua universale è la scienza, perché essa ha bisogno, per progredire, di termini conosciuti da tutti. (Carlo Dossi)

Ha posseduto la scienza ma non l'ha resa gravida. (Stanislaw Jerzy Lec)

La scienza rimpiazza i pregiudizi privati con pubbliche, verificabili evidenze. (Richard Dawkins)

Le stupidaggini di una data epoca per la scienza delle epoche successive sono importanti quanto le sue saggezze. (Stanislaw Jerzy Lec)

# Il tempo

Tutte le cose che ora si credono antiche, furono nuove un tempo. (Tacito)

Che cos'è il tempo? Se non me lo chiedi lo so; ma se invece mi chiedi che cosa sia il tempo, non so rispondere. (Agostino)

Anche un orologio fermo segna l'ora giusta due volte al giorno. (H. Hesse)

Il tempo è il padre della verità. (Aulo Gellio)

Il tempo è un'illusione umana che si crea quando l'uomo percepisce le variazione di stato della materia immersa nel nulla. (Stefano Benedetti)

Chi tempo ha e tempo aspetta, perde l'amico e i danari non ha mai. (Leonardo da Vinci)

Considera ogni nuovo giorno come una nuova vita. (Seneca)

Il presente è il lato assolutamente doloroso dell'esistenza, ma soltanto provvisorio. (Hugo von Hofmannsthal)

Per due finestre è abitabile il presente, la finestra del passato e quella del futuro: l'una finta, l'altra cieca. (Camillo Sbarbaro)

Chi è soltanto in anticipo sul proprio tempo, dal suo tempo sarà raggiunto. (Ludwig Wittgenstein)

Le conversazioni sul tempo diverranno interessanti ai primi segni della fine del mondo. (Stanislaw Jerzy Lec)

In tempi bui è difficile ritirarsi nell'ombra. (Stanislaw Jerzy Lec)

Chi scrive per il suo tempo, disperi di sopravvivergli. (Gesualdo Bufalino)

Legge di Reece - Chi va piano ha del tempo da perdere. (Arthur Bloch)

I vecchi dicono male dei tempi in cui vivono, con la segreta speranza che il finimondo e la loro morte coincidano. (Ugo Ojetti)

Quando si fa visita a qualcuno lo si fa con lo scopo di sprecare il tempo altrui e non il proprio. (Oscar Wilde)

Bisogna adattarsi al presente, anche se ci pare meglio il passato. (Baltasar Graciàn)

# Il tramonto

Ognuno sta solo sul cuor della terra trafitto da un raggio di sole: ed è subito sera. (Salvatore Quasimodo)

Meditare al tramonto, guardando le stelle e accarezzando il proprio cane, è un rimedio infallibile. (Ralph Waldo Emerson)

Eccola, questa sciocca felicità con le sue finestre bianche spalancate sull'orto! Sopra lo stagno, uguale a un cigno purpureo. Naviga silenzioso il tramonto. (Sergej A. Esenin)

Accada quel che accada, anche il sole del giorno peggiore tramonta. (Proverbio cinese)

Anche il giorno più lungo ha il suo tramonto. (Angelo Monaldi)

La sera si diventa più accorti per il giorno che è passato, ma mai abbastanza per il giorno che viene. (Friedrich Ruckert)

Il tuo amore è per me come le stelle del mattino e della sera, tramonta dopo il sole e prima del sole risorge. (Johann Wolfgang Göethe)

# La vecchiaia

La vecchiaia è come un aereo che punta in una tempesta. Una volta che sei a bordo non puoi più fare niente. (Golda Meir)

La cultura è il miglior viatico per la vecchiaia. (Aristotele)

Un uomo è vecchio solo quando i rimpianti, in lui, superano i sogni. (A. Einstein)

Se i mortali si guardassero da qualsiasi rapporto con la saggezza, la vecchiaia neppure ci sarebbe. Se solo fossero più fatui, allegri e dissennati godrebbero felici di un'eterna giovinezza. La vita umana non è altro che un gioco della follia. (Erasmo da Rotterdam)

La vecchiaia è un incidente genetico occorso durante l'evoluzione degli organismi viventi. (Stefano Benedetti)

I consigli della vecchiaia illuminano senza riscaldare, come il sole d'inverno. (L. de C. de Vauvenargues)

Non esiste essere più perfido e maligno sotto il sole di una puttana che, per vecchiaia, è costretta a divenire bigotta. (Georg Christoph Lichtenberg)

I vecchi amano dare buoni consigli per consolarsi di non poter più dare cattivi esempi. (François de la Rochefoucauld)

I giovani cambiano i gusti per ardore di sangue, i vecchi conservano i loro per abitudine. (François de la Rochefoucauld)

Non mi dispiace invecchiare. E' un privilegio negato a molti. (Anonimo)

Un vecchio che muore è una biblioteca che brucia. (Proverbio africano)

Quando la grazia è unita con le rughe, è adorabile. C'è un'alba indicibile in una vecchiaia felice. (Victor Hugo)

Nella fanciullezza la vita ci si presenta come uno scenario teatrale visto da lontano; nella vecchiaia come il medesimo scenario visto da molto vicino. (Arthur Schopenhauer)

Nessuno è tanto vecchio da non credere di poter vivere ancora un anno. (Cicerone)

## La verità

Chi non conosce la verità è soltanto uno sciocco, ma chi, conoscendola, la chiama bugia, è un malfattore. (B. Brecht)

Il falso è suscettibile d'una infinità di combinazioni, ma la verità ha solo un modo d'essere. (Rousseau)

La verità è quella cosa che molti politici dicono di avere in tasca, ma quando affondi la mano nelle loro saccocce solo fasci di banconote trovi. (Stefano Benedetti)

Lo studio e la ricerca della verità e della bellezza rappresentano una sfera di attività in cui è permesso di rimanere bambini per tutta la vita. (Albert Einstein)

È difficile sapere cosa sia la verità, ma a volte è molto facile riconoscere una falsità. (Albert Einstein)

Verità che offende non è mai tutta la verità. (Ugo Bernasconi)

L'umorismo cammina nel sentiero del paradosso, e il sentiero del paradosso, come diceva un tizio importante, è la scorciatoia per arrivare alla verità. (Giovannino Guareschi)

La verità appartiene a pochi, l'errore invece è comune a molti. (Baltasar Graciàn)

Le verità che più ci importano ci vengono sempre dette a mezza bocca. (Baltasar Graciàn)

A volte l'uomo inciampa nella verità, ma nella maggior parte dei casi si rialza e continua per la sua strada. (Winston Churchill)

Quando uno ha la mano piena di verità non è sempre saggio aprirla. (Proverbio francese)

Tutte le grandi verità cominciano come bestemmie. (George Bernard Shaw)

Tutte le verità sono già state dette, ma lo spazio per altre menzogne è infinito. (Alessandro Morandotti)

La verità ha sempre mille volti, come ogni volto ha sempre mille verità. (Anonimo)

Chi non conosce la verità è uno sciocco, ma chi, conoscendola, la chiama bugia, è un delinquente. (Bertolt Brecht)

Dopo tutto cos'è una bugia? Solo la verità in maschera. (George Byron)

**Viaggi**

Ogni viaggio lo vivi tre volte: quando lo sogni, quando lo vivi e quando lo ricordi. (Anonimo)

L'unica regola del viaggio è: non tornare come sei partito. Torna diverso. (Anne Carson)

Non dirmi quanti anni hai, o quanto sei educato e colto, dimmi dove hai viaggiato e che cosa sai. (Maometto)

Viaggiare è essere infedeli. Siatelo senza rimorsi. Dimenticate i vostri amici per degli sconosciuti. (Paul Morand)

Alcuni luoghi sono un enigma. Altri una spiegazione. (Fabrizio Caramagna)

Non andare dove il sentiero ti può portare; vai invece dove il sentiero non c'è ancora e lascia dietro di te una traccia. (Ralph Waldo Emerson)

A chi mi domanda ragione dei miei viaggi, solitamente rispondo che so bene quel che fuggo, ma non quello che cerco. (Michel de Montaigne)

Partire è vincere una lite contro l'abitudine. (Paul Morand)

È ben difficile, in geografia come in morale, capire il mondo senza uscire di casa propria. (Voltaire)

Non c'è uomo più completo di colui che ha viaggiato, che ha cambiato venti volte la forma del suo pensiero e della sua vita. (Alphonse de Lamartine)

Di una città non apprezzi le sette o settantasette meraviglie, ma la risposta che dà ad una tua domanda. (Italo Calvino)

Il viaggio è una specie di porta attraverso la quale si esce dalla realtà come per penetrare in una realtà inesplorata che sembra un sogno. (Guy de Maupassant)

Di confini non ne ho mai visto uno. Ma ho sentito che esistono nella mente di alcune persone. (Thor Heyerdahl)

I grandi viaggi hanno questo di meraviglioso, che il loro incanto comincia prima della partenza stessa. Si aprono gli atlanti, si sogna sulle carte. Si ripetono i nomi magnifici di città sconosciute. (Joseph Kessel)

Qual è il vero significato della parola viaggiare? Cambiare località? Assolutamente no! Viaggiare è cambiare opinioni e pregiudizi. (Anatole France)

Sembra esserci nell'uomo, come negli uccelli, un bisogno di migrazione, una vitale necessità di sentirsi altrove. (Marguerite Yourcenar)

La via più breve per giungere a se stessi gira intorno al mondo. (Herman Keyserling)

Il vero viaggio di scoperta non consiste nel cercare nuove terre, ma nell'avere nuovi occhi. (Marcel Proust)

Un viaggio di mille miglia comincia sempre con il primo passo. (Lao Tzu)

Gli scienziati dicono che siamo fatti di atomi, ma un albero mi ha sussurrato che siamo fatti di sogni, un'onda mi ha detto che siamo fatti di viaggi, un bambino che gioca con le fate mi ha raccontato che siamo fatti di meraviglia. (Fabrizio Caramagna)

Nel viaggio c'è un certo sapore di libertà, di semplicità... un certo fascino dell'orizzonte senza limiti, del percorso senza ritorno, delle notte senza tetto, della vita senza superfluo. (Théodore Monod)

Il mondo è un libro, e quelli che non viaggiano ne leggono solo una pagina. (Agostino d'Ippona)

I sentieri si costruiscono viaggiando. (Franz Kafka)

Dal momento in cui sa camminare, il bambino sa viaggiare. (Anonimo)

Come molti viaggiatori ho visto più di quanto ricordi e ricordo più di quanto ho visto. (Benjamin Disraeli)

Viaggiare, è chiedere di colpo alla distanza ciò che il tempo non potrebbe darci che a poco a poco. (Paul Morand)

Gli antichi resoconti di viaggio diventeranno preziosi come le più grandi opere d'arte; perché sacra era la terra sconosciuta, e non può mai più esserlo. (Elias Canetti)

Il viaggio: un partire da me, un infinito di distanze infinite e un arrivare a me. (Antonio Porchia)

Qual è il vero significato della parola viaggiare? Cambiare località? Assolutamente no! Viaggiare è cambiare opinioni e pregiudizi. (Anatole France)

Un viaggiatore senza osservazione è un uccello senza ali. (Moslih Eddin Saadi)

Il più bel viaggio, è quello che non è stato ancora fatto. (Loick Peyron)

# La Vita

La vita è troppo breve per sprecarla a realizzare i sogni di altri. (Oscar Wilde)

La vita è come andare in bicicletta. Per mantenere l'equilibrio devi muoverti. (Albert Einstein)

Ciò che per il bruco è la fine del mondo per tutti gli uomini è l'inizio della vita. (Lao Tzu)

Se io potrò impedire ad un cuore di spezzarsi, non avrò vissuto invano. Se allevierò il dolore di una vita o guarirò una pena, o aiuterò un pettirosso caduto a rientrare nel suo nido, non avrò vissuto invano. (Emily Dickinson)

La vita è come una commedia, non importa quanto è lunga, ma come è recitata. (Seneca)

Accadono cose che sono come domande, passa un minuto oppure anni, e poi la vita risponde. (Alessandro Baricco)

La vita ha questo di strano, che se non vuoi accettare nient'altro che il meglio, molto spesso riesci a procurartelo. (William Somerset Maugham)

La vita non si spiega; si vive. (Luigi Pirandello)

Vivi la vita attimo per attimo, come se fosse l'ultimo. (Jim Morrison)

L'anima nasce vecchia e diventa giovane: ecco la commedia della vita. Il corpo nasce giovane e diventa vecchio: ecco la tragedia della vita. (Oscar Wilde)

La vita è ciò che ti accade mentre sei impegnato in altri progetti. (John Lennon)

Fai attenzione a come pensi e a come parli, perché può trasformarsi nella profezia della tua vita. (San Francesco D'Assisi)

Tutta la vita umana non è se non una commedia, in cui ognuno recita con una maschera diversa, e continua nella parte, finché il gran direttore di scena gli fa lasciare il palcoscenico. (Erasmo da Rotterdam)

Il più grande sbaglio nella vita è quello di avere sempre paura di sbagliare. (Elbert Hubbard)

Non esiste modo migliore di gestire la propria vita se non toccare la vita di un altro, con amore e un sorriso. (Og Mandino)

Noi viviamo molto vicini. Quindi il nostro scopo della vita è aiutare gli altri. E se non potete aiutarli, almeno non fate loro del male. (Dalai Lama)

La vita è fatta di piccole felicità insignificanti, simili a minuscoli fiori. Non è fatta solo di grandi cose, come lo studio, l'amore, i matrimoni, i funerali. (Banana Yoshimoto)

L'uso migliore della vita è di spenderla per qualcosa che duri più della vita stessa. (William James)

Può sembrare strano che la vita sia un puro incidente, ma in un universo tanto grande è inevitabile che accadano degli incidenti. (Bertrand Russell)

La vita è come un gioco di scacchi: noi tracciamo una linea di condotta, ma questa rimane condizionata da ciò che piacerà di fare all'avversario, nel gioco degli scacchi, e dal destino, nella vita. (Arthur Schopenhauer)

La vita è un pendolo i cui movimenti che oscillano tra l'anarchia e la tirannia sono alimentati da illusioni perennemente rinnovate. (Albert Einstein)

Il vaso incrinato è quello che non si rompe mai del tutto e che finisce per stancare a forza di durare. (Baltasar Graciàn)

La vita è un viaggio e chi viaggia vive due volte. (Omar Khayyam)

Solo lo stolto percorre correndo il cammino della vita senza soffermarsi ad osservare le bellezze del creato. (Proverbio Tibetano)

Le cose vere della vita non si studiano nè si imparano, ma si incontrano. (Oscar Wilde)

Le nostre valigie erano di nuovo ammucchiate sul marciapiede; avevamo molta strada da fare. Ma non importava, la strada è la vita. (Jack Kerouac)

Le radici sono importanti, nella vita di un uomo, ma noi uomini abbiamo le gambe, non le radici, e le gambe sono fatte per andare altrove. (Pino Cacucci)

Perché chi si ferma ha più vita, ma chi va ha più strade. (Francisco Galvez)

La vita è ciò che facciamo di essa . I viaggi sono i viaggiatori. Ciò che vediamo non è ciò che vediamo, ma ciò che siamo. (Fernando Pessoa)

Il vero domicilio dell'uomo non è una casa ma la strada, e la vita stessa è un viaggio da fare a piedi. (Bruce Chatwin)

# La volontà e la tenacia

C'è una forza motrice più forte del vapore, dell'elettricità e dell'energia atomica: la volontà. (Albert Einstein)

Che Dio mi conceda la serenità di accettare ciò che non posso cambiare, la tenacia di cambiare ciò che posso e la fortuna di non fare troppe cazzate. (Stephen King)

Se ho fatto qualche scoperta di valore, ciò è dovuto più ad un'attenzione paziente che a qualsiasi altro talento. (Isaac Newton)

Niente al mondo può sostituire la tenacia. Il talento non può farlo: non c'è niente di più comune di uomini pieni di talento ma privi di successo. Il genio non può farlo: il genio incompreso è quasi proverbiale. L'istruzione non può farlo: il mondo è pieno di derelitti istruiti. La tenacia e la determinazione invece sono onnipotenti. (Calvin Coolidge)

L'ostinazione può diventare creativa quando si allea con la pazienza. (Elias Canetti)

Trovare per ognuno il punto debole è l'arte di piegare a proprio talento le altrui volontà. (Baltasar Graciàn)

Il carattere è una volontà perfettamente formata. (Novalis)

La ragione è a tutti comune, la volontà no. (Carlo Dossi)

La mancanza di volontà è una barca senza motore. Per farla avanzare devi usare le mani, remando. La mancanza di tenacia rende le mani deboli, si stancano già dopo i primi due colpi di remi. (Stefano Benedetti)

Si può sconfiggere il generale che comanda tre armate, ma non si può smuovere la ferma volontà di un uomo semplice. (Confucio)

La forza di volontà è un muscolo da allenare. (Anonimo)

La volontà può e deve essere motivo d'orgoglio più dell'ingegno. (Honoré de Balzac)

Una briciola di volontà pesa più di un quintale di giudizio e persuasione. (Arthur Schopenhauer)

Alla gente non manca la forza, ma la volontà. (Victor Hugo)

La grandi anime hanno la volontà, le deboli non hanno che dei propositi. (Proverbio cinese)

Dove c'è una grande volontà non possono esserci grandi difficoltà. (Niccolò Machiavelli)

# Altri argomenti

Le mosche non riposano mai perché la merda è veramente tanta. (A. Merini)

Che cosa ne è del buco una volta finito il formaggio? (Bertold Brecht)

Se davvero lo stercorario passa tutto il giorno a fare palline di cacca e trascinarle via, come mai il mondo è ancora così lercio? (Stefano Benedetti)

Le case generalmente vengono costruite per dimostrare che nella vita si è raggiunto il successo, piuttosto che per vivere felici al loro interno. (Philippe Starck)

Se esiste un uomo non violento, perché non può esistere una famiglia non violenta? E perché non un villaggio? una città, un paese, un mondo non violento? (Gandhi)

Negli stessi fiumi scendiamo e non scendiamo , siamo e non siamo. ( Eraclito )

Disapprovo ciò che dici, ma difenderò alla morte il tuo diritto di dirlo. (Voltaire)

Considero il mondo per quello che é: un palcoscenico dove ciascuno deve recitare la sua parte. (Shakespeare)

Tutto ciò che è stato scritto dagli uomini sulle donne deve essere ritenuto sospetto dal momento che essi sono ad un tempo giudici e parti in causa. (Kant Immanuel)

Non esistono domande imbarazzanti, bensì risposte imbarazzanti. (O. Wilde)

Impara tutto, vedrai che poi nulla é superfluo. (Ugo di San Vittore)

Entro i confini del mondo non vi può essere esilio di sorta: nulla infatti che si trovi in questo mondo è estraneo all'uomo. (Seneca)

Le cose vere della vita non si studiano né si imparano, ma si incontrano. (Oscar Wilde)

La campagna non mi piace per niente, è una specie di tomba igienica. (S. Smith)

Un uomo percorre il mondo intero in cerca di ciò che gli serve e torna a casa per trovarlo. (G. Moore)

Dietro ogni problema c'è un'opportunità. (Galileo Galilei)

La poesia dice troppo in pochissimo tempo, la prosa dice poco e ne impiega troppo. (Charles Bukowski)

Nessuno è nato sotto una cattiva stella; ci sono semmai uomini che guardano male il cielo... (Dalai Lama)

Quando avrai contato quelli che ti precedono, pensa al numero di coloro che ti seguono. (Seneca)

La tragedia consiste in questo: che l'albero non si piega ma si spezza. (Ludwig Wittgenstein)

Una puntura di zanzara prude meno, quando sei riuscito a schiacciare la zanzara. (Ugo Ojetti)

Non sempre dove c'è acqua ci sono rane, ma là dove si sentono gracidare le rane c'è acqua. (Johann Wolfgang Goethe)

Quale mondo giaccia al di là di questo mare non so, ma ogni mare ha un'altra riva, e arriverò. (Cesare Pavese)

Ci sono più pesci tolti da un torrente di quanti ve ne siamo mai stati dentro. (Oliver Herford)

C'è chi stima i libri dal loro peso, quasi che si scrivesse per fare esercizio di braccia più che di ingegno. (Baltasar Graciàn)

Un esperto è una persona che sa sempre di più su sempre di meno, fino a sapere tutto di nulla. (Max Weber)

# Altri libri pubblicati dall'autore

## Libri della collana Vivere Roma

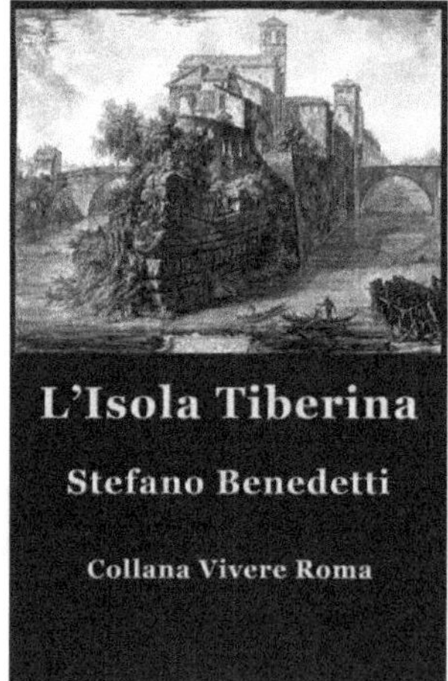

# Libri della collana Antalogia

# Libri della collana Fotografia e Società

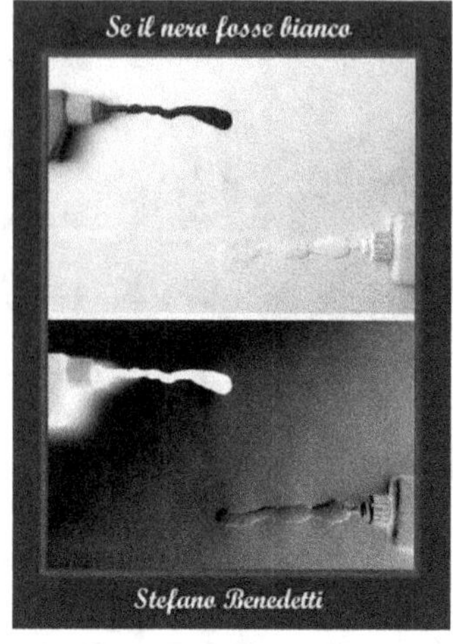

# Libri di fiabe e poesie

# Libri della collana Alimentazione e Benessere

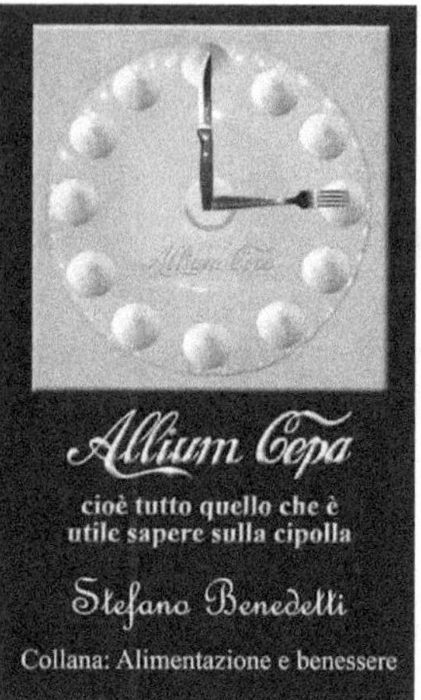

# Libri bilingue (Italiano e Inglese)

Fotografia caleidoscopica
Stefano Benedetti
Collana Fotografia e società

Street art in Rome:
the murals
Stefano Benedetti
International edition
Series potography and society

PERCHE?
PERCHE IO SO IO...
E VOI?
NUN SETE UN C
Street art in Rome:
the shutters
Stefano Benedetti
International edition
Series: photography and society

## Libri genere vario

La questione dell'onestà apparente
Stefano Benedetti


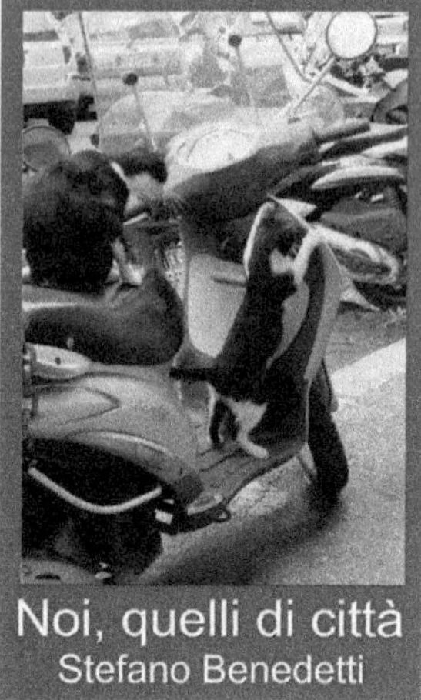

Noi, quelli di città
Stefano Benedetti

KRENF
STEFANO BENEDETTI

www.ingramcontent.com/pod-product-compliance
Lightning Source LLC
Chambersburg PA
CBHW070720250726
48662CB00001B/502